U1012252

事业单位领导人员管理规定

法 律 出 版 社

·北　京·

图书在版编目（CIP）数据

事业单位领导人员管理规定. -- 北京：法律出版社，2022

ISBN 978-7-5197-6430-2

Ⅰ. ①事… Ⅱ. Ⅲ. ①行政事业单位－领导人员－法规－中国 Ⅳ. ①D922.11

中国版本图书馆CIP数据核字(2022)第026552号

事业单位领导人员管理规定

SHIYE DANWEI LINGDAO RENYUAN GUANLI GUIDING

出版发行 法律出版社
编辑统筹 法规出版分社
责任编辑 张红蕊
装帧设计 李　瞻
责任校对 陶玉霞
责任印制 耿润瑜

开本 850毫米×1168毫米　1/32
印张 1　　**字数** 15千
版本 2022年2月第1版
印次 2022年2月第1次印刷
印刷 固安华明印业有限公司
经销 新华书店

地址：北京市丰台区莲花池西里7号(100073)
网址：www.lawpress.com.cn
投稿邮箱：info@lawpress.com.cn
举报盗版邮箱：jbwq@lawpress.com.cn
销售电话：010-83938349
客服电话：010-83938350
咨询电话：010-63939796

版权所有·侵权必究

书号：ISBN 978-7-5197-6430-2　　**定价**：5.00元

凡购买本社图书，如有印装错误，我社负责退换。电话：010-83938349

目　　录

事业单位领导人员管理规定

（2015年5月28日中共中央批准　2015年5月28日中共中央办公厅发布　2022年1月14日中共中央修订　2022年1月14日中共中央办公厅发布）

第一章　总　　则

第一条　为了加强和改进事业单位领导人员管理，健全选拔任用机制和管理监督机制，建设一支德才兼备、忠诚干净担当的高素质专业化事业单位领导人员队伍，根据有关党内法规和法律，制定本规定。

第二条　本规定适用于省级以上党委和政府直属以及部门所属事业单位领导班子成员，省级以上人大常委会、政协、纪委监委、人民法院、人民检察院、群众团体机关所属事业单位领导班子成员。

有关党内法规和法律对事业单位领导人员管理另有规

定的，从其规定。

事业单位内设机构负责人选拔任用工作按照本规定第二章、第三章有关条款执行。

第三条 事业单位领导人员的管理，应当适应事业单位公益性、服务性、专业性、技术性等特点，遵循领导人员成长规律，激发事业单位活力，推动公益事业高质量发展。工作中，坚持下列原则：

（一）党管干部、党管人才；

（二）德才兼备、以德为先，五湖四海、任人唯贤；

（三）事业为上、人岗相适、人事相宜；

（四）注重实干担当和工作实绩、群众公认；

（五）分级分类管理；

（六）民主集中制；

（七）依规依法办事。

第四条 党委（党组）及其组织（人事）部门按照干部管理权限履行事业单位领导人员管理职责，负责本规定的组织实施。

第二章 任职条件和资格

第五条 事业单位领导人员应当具备下列基本条件：

（一）思想政治素质好，理想信念坚定，自觉坚持以马克思列宁主义、毛泽东思想、邓小平理论、“三个代表”重要思想、科学发展观、习近平新时代中国特色社会主义思想为指导，坚决贯彻执行党的理论和路线方针政策，增强“四个意识”、坚定“四个自信”、做到“两个维护”，自觉在思想上政治上行动上同党中央保持高度一致。

（二）组织领导能力强，自觉贯彻执行民主集中制，善于科学管理、沟通协调、依法办事、推动落实，工作实绩突出。

（三）专业素养好，熟悉有关政策法规和行业发展情况，具有胜任岗位职责的专业知识和专业能力。

（四）创新意识强，勤于学习，勇于探索，敢于攻坚克难，有开拓进取、追求卓越的韧劲，能够切实推进技术、管理、制度等重要创新。

（五）事业心和责任感强，热爱公益事业；坚持以人民为中心的发展思想，求真务实、勤勉敬业、担当作为，忠实履行公共服务的政治责任和社会责任；有斗争精神和斗争本领；团结协作，群众威信高。

（六）正确行使职权，坚持原则，带头践行社会主义核心价值观，恪守职业道德，严于律己，清正廉洁。

不同行业事业单位领导人员基本条件应当适应本行业特点和要求。其中，宣传思想文化系统事业单位领导人员应当坚持政治家办报办刊办台办新媒体，有强烈的意识形态阵地意识；高等学校和中小学校领导人员应当认真贯彻党的教育方针，坚持社会主义办学方向，自觉落实立德树人根本任务；科研事业单位领导人员应当坚持高水平科技自立自强的方向，坚持面向世界科技前沿、面向经济主战场、面向国家重大需求、面向人民生命健康，尊重科研工作规律，弘扬科学家精神，自觉践行创新科技、服务国家、造福人民的价值理念；公立医院领导人员应当坚持为人民健康服务的方向，有适应医院高质量发展的先进管理理念和实践经验。

党员领导人员应当自觉履行党建工作“一岗双责”，专职从事党务工作的领导人员还应当熟悉党建工作，善于做思想政治工作。

正职领导人员应当带头提高政治判断力、政治领悟力、政治执行力，具有驾驭全局的能力，善于抓班子带队伍，民主作风好。

第六条　事业单位领导人员应当具备下列基本资格：

（一）一般应当具有大学本科以上文化程度。

（二）提任六级以上管理岗位领导职务的，一般应当具有5年以上工作经历。

（三）从管理岗位领导职务副职提任正职的，应当具有副职岗位2年以上任职经历；从下级正职提任上级副职的，应当具有下级正职岗位3年以上任职经历。

（四）主要以专业技术面向社会提供公益服务的事业单位领导班子行政正职、分管业务工作的副职一般应当具有从事本行业专业工作的经历。

（五）具有正常履行职责的身体条件。

（六）符合有关党内法规、法律法规和行业主管部门规定的其他任职资格要求。

第七条 事业单位内设机构负责人基本条件应当符合本规定第五条规定；基本资格应当符合本规定第六条第一、二、三、五、六项规定，其中，负责业务工作的内设机构负责人，还应当具有与本岗位相关的专业教育背景或者具有从事本行业专业工作的经历。

第八条 从专业技术岗位到管理岗位担任领导人员或者内设机构负责人的，其任职资格一般应当符合第六条第一、二、五、六项规定，并且具有相应的专业技术职务（岗位）任职经历。其中，直接提任领导人员的，还应当具有一定的管理工作经历。

第九条 特别优秀的，或者因国家重大战略、重大工程、重大项目、重点任务选拔高精尖缺人才担任领导人员以及内设机构负责人等工作特殊需要的，可以适当放宽任职资格。

放宽任职资格以及从专业技术岗位到管理岗位担任领导班子正职或者四级以上管理岗位领导职务的，应当从严掌握，并报上级组织（人事）部门同意。

第三章 选拔任用

第十条 党委（党组）及其组织（人事）部门按照干部管理权限，根据事业单位不同领导体制和领导班子建设实际，提出启动领导人员选拔任用工作意见。

事业单位领导班子配备和领导人员选拔任用，应当立足事业发展需要，加强通盘考虑、科学谋划，及时选优配强，优化年龄、专业、经历等结构，增强领导班子整体功能。

第十一条 事业单位领导人员选拔任用，必须严格按照核定或者批准的领导职数和岗位设置方案进行。

第十二条 选拔事业单位领导人员，一般采取单位内部推选、外部选派方式进行。根据行业特点和工作需要，可以采取竞争（聘）上岗、公开选拔（聘）、委托相关机构遴选等方式产生人选。

第十三条 选拔事业单位领导人员，应当经过民主推荐，合理确定参加民主推荐人员范围，规范谈话调研推荐和会议推荐方式方法。

第十四条 对事业单位领导职务拟任人选，必须依据选拔任用条件，结合行业特点和岗位要求，全面考察其德、能、勤、绩、廉，严把政治关、品行关、能力关、作风关、廉洁关。

第十五条 综合分析人选的考察考核、一贯表现和人岗相适等情况，全面历史辩证地作出评价，既重管理能力、专业素养和工作实绩，更重政治品质、道德品行、作风和廉政情况，防止简单以票或者以分取人。

第十六条 选拔任用事业单位领导人员，应当严格执行干部选拔任用工作任前事项报告制度，严格遵守党委（党组）讨论决定干部任免事项有关规定，按照干部管理权限由党委（党组）集体讨论作出任免决定，或者决定提出推荐、提名的意见。

第十七条 任用事业单位领导人员，区别不同情况实行选任制、委任制、聘任制。对行政领导人员，结合行业特点和单位实际，逐步加大聘任制推行力度。

实行聘任制的，聘任关系通过聘任通知、聘任书等形式确定，根据需要可以签订聘任合同，所聘职务及相关待遇在聘期内有效。

第十八条 提任三级以下管理岗位领导职务的，应当在一定范围内进行任职前公示，公示期不少于 5 个工作日。

第十九条 提任非选举产生的三级以下管理岗位领导职务的，实行任职试用期制度。试用期一般为 1 年。

第二十条 事业单位内设机构负责人选拔任用方式按照本规定第十二条、第十七条规定执行。主要以专业技术面向社会提供公益服务的事业单位，可以根据工作需要积极探索有效办法，搞活搞好内部用人制度。

根据干部管理权限和事业单位不同领导体制实际，实行党委领导下的行政领导人负责制的，由党委集体讨论作出任免决定；实行行政领导人负责制的，党政主要领导应当对人选等情况进行充分沟通，由党组织集体讨论作出任免决定，或者由党组织研究提出拟任人选、党政领导会议集体讨论，依规依法任免（聘任、解聘），根据工作需要，也可以由上级党组织统筹管理，按照规定程序讨论决定。

第二十一条 选拔任用工作具体程序和要求，参照《党政领导干部选拔任用工作条例》及有关规定，结合事业单位实际确定。

第四章 任期和任期目标责任

第二十二条 事业单位领导班子和领导人员一般应当实行任期制。

每个任期一般为 3 至 5 年。领导人员在同一岗位连续任职一般不超过 10 年，工作特殊需要的，按照干部管理权限经批准后可以适当延长任职年限。

第二十三条 事业单位领导班子和领导人员一般应当实行任期目标责任制。

任期目标的设定，应当符合立足新发展阶段、贯彻新发展理念、构建新发展格局、推动高质量发展的要求，体现不同行业、不同类型事业单位特点，注重打基础、利长远、求实效。

第二十四条 任期目标由事业单位领导班子集体研究确定，领导班子的任期目标一般应当报经主管机关（部门）批准或者备案。

制定任期目标时，应当充分听取单位职工代表大会或者职工代表的意见，注意体现服务对象的意见。

第五章 考核评价

第二十五条 事业单位领导班子和领导人员的考核，主要是年度考核和任期考核，根据工作实际开展平时考核、专项考核。考核评价以岗位职责、任期目标为依据，以日常管理为基础，注重政治素质、业绩导向和社会效益，突出党建工作实效。

积极推进分类考核，结合行业特点和事业单位实际，合理确定考核内容和指标，注意改进考核方法，提高质量和效率。

第二十六条 综合分析研判考核情况和日常了解掌握情况，客观公正地作出评价，形成考核评价意见，确定考核评价等次。

领导班子年度考核和任期考核的评价等次，分为优秀、良好、一般、较差；领导人员年度考核和任期考核的评价等次，分为优秀、合格、基本合格、不合格。

平时考核、专项考核的结果可以采用考核报告、评语、等次或者鉴定等形式确定。

第二十七条 考核评价结果应当以适当方式向领导班子和领导人员反馈，并作为领导班子建设和领导人员选拔任用、培养教育、管理监督、激励约束、问责追责等的重要依据。

第六章 交流、回避

第二十八条 完善事业单位领导人员交流制度。交流的重点对象一般是正职领导人员，专职从事党务工作、分管人财物的副职领导人员以及其他因工作需要交流的人员。

第二十九条 积极推进同行业或者相近行业事业单位之间领导人员交流，统筹推进事业单位与党政机关、国有企业、社会组织之间领导人员交流。

专业性强的领导人员交流，应当加强研判和统筹，注意发挥其专业特长。

第三十条 实行事业单位领导人员任职回避制度。有夫妻关系、直系血亲关系、三代以内旁系血亲关系以及近姻亲关系的，不得在同一事业单位领导班子任职，不得在同一单位担任双方直接隶属于同一领导人员的职务或者有直接上下级领导关系的职务，也不得在领导人员所在事业单位本级内设管理机构以及分管联系单位从事组织（人事）、纪检监察、审计、财务部门负责工作。

第三十一条 实行事业单位领导人员履职回避制度。事业单位领导人员在履行职责过程中，涉及本人及其近亲属利害关系或者其他可能影响公正履行职责情况的，本人应当回避。

第七章 职业发展和激励保障

第三十二条 完善事业单位领导人员培养教育制度，加强思想政治建设和能力培养，强化分行业培训，注重实践锻炼，提高思想政治素质、专业水平和管理工作能力。

第三十三条 统筹各类教育培训，充分利用党校（行政学院）、干部学院等机构资源，原则上每5年对事业单位领导人员培训全覆盖。

第三十四条 任期结束后未达到退休年龄界限的事业单位领导人员，适合继续从事专业工作的，鼓励和支持其后续职业发展；其他领导人员，根据本人实际和工作需要，作出适当安排。

第三十五条 完善事业单位领导人员收入分配制度，

落实工资正常增长机制，根据事业单位类别和经费来源等，结合考核情况合理确定领导人员的绩效工资水平，使其收入与履职情况和单位长远发展相联系，与本单位职工的平均收入水平保持合理关系。

第三十六条 事业单位领导人员在本职工作中表现突出、有显著成绩和贡献的，在处理突发事件和承担专项重要工作中作出显著成绩和贡献的，或者有其他突出事迹的，按照有关规定给予表彰奖励。注意引导和促进领导人员在推动加快科技自立自强、服务保障民生等方面担当作为、履职尽责。

第三十七条 加强对事业单位领导人员的人文关怀，开展经常性谈心谈话，及时了解情况，听取意见建议，帮助解决实际困难。

按照有关规定做好容错纠错工作，宽容领导人员在改革创新中的失误，营造鼓励探索、支持创新的良好环境。

第八章 监督约束

第三十八条 党委（党组）及纪检监察机关、组织（人事）部门、行业主管部门按照管理权限和职责分工，履行对事业单位领导班子和领导人员的监督责任。

第三十九条 监督的重点内容是：践行“两个维护”，对党忠诚，贯彻落实党的理论和路线方针政策、党中央决策部署以及上级党组织决定情况；依法办事，执行民主集中制，履行职责，担当作为，行风建设，选人用人，国有资产管理，收入分配情况；落实全面从严治党主体责任和监督责任，职业操守，以身作则，遵守纪律，廉洁自律等情况。

第四十条 完善事业单位领导班子权力运行机制和领导人员特别是主要负责人监督制约机制，构建严密有效的监督体系。发挥党内监督带动作用，推动民主监督、行政监督、司法监督、审计监督、财会监督、群众监督、舆论监督等贯通协调、形成合力，强化领导班子内部监督，综合运用考察考核、述职述廉、民主生活会、谈心谈话、巡视巡察、提醒、函询、诫勉等措施，对领导班子和领导人员进行监督。

严格落实干部选拔任用工作“一报告两评议”、领导干部报告个人有关事项、规范干部兼职、因私出国（境）和配偶、子女及其配偶经商办企业，以及经济责任审计、问责等管理监督有关制度。

第四十一条 事业单位领导人员有违规违纪违法行为

的，依规依纪依法给予处理、处分；构成犯罪的，依法追究刑事责任。

第九章　退　　出

第四十二条　完善事业单位领导人员退出机制，促进领导人员能上能下、能进能出，增强队伍生机活力。

第四十三条　事业单位领导人员有下列情形之一，一般应当免去现职：

（一）达到任职年龄界限或者退休年龄界限的；

（二）年度考核、任期考核被确定为不合格的，或者连续 2 年年度考核被确定为基本合格的；

（三）解除聘任关系（聘任合同）或者聘任期满不再续聘的；

（四）受到责任追究应当免职的；

（五）不适宜担任现职应当免职的；

（六）因违规违纪违法应当免职的；

（七）因健康原因，无法正常履行工作职责 1 年以上的；

（八）因工作需要或者其他原因应当免去现职的。

第四十四条　实行事业单位领导人员辞职制度。辞职包括因公辞职、自愿辞职、引咎辞职和责令辞职。辞职程序和辞职后从业限制等，按照有关规定执行。

第四十五条 事业单位领导人员的退休，按照有关规定执行。事业单位正职领导人员特别优秀的，根据工作需要和本人履职情况，按照有关规定经批准可以延迟免职（退休）。

第四十六条 事业单位领导人员退出领导岗位从事专业工作的，由本单位党委（党组）研究并报上级组织（人事）部门同意，可以不再按照领导人员管理。

第四十七条 事业单位领导人员退出领导岗位后，应当继续履行保密责任，严格执行保密规定，落实脱密期管理相关要求。

第十章　附　　则

第四十八条 中央组织部可以会同有关行业主管部门根据本规定，制定完善有关行业事业单位领导人员管理具体办法。

第四十九条 市（地、州、盟）级以下党委和政府直属以及部门所属事业单位和人大常委会、政协、纪委监委、人民法院、人民检察院、群众团体机关所属事业单位领导人员的管理，由各省、自治区、直辖市党委参照本规定制定或者完善具体办法。

第五十条 本规定由中央组织部负责解释。

第五十一条 本规定自发布之日起施行。

附：

建设德才兼备、忠诚干净担当的高素质专业化事业单位领导人员队伍

——中央组织部负责人就《事业单位领导人员管理规定》答记者问*

日前，中央办公厅印发了《事业单位领导人员管理规定》（以下简称《管理规定》）。对此，中央组织部负责人接受采访，就《管理规定》有关情况回答了记者提问。

问：为什么要修订出台《管理规定》？

答：我国现有事业单位80多万家、工作人员2700多万名，覆盖教科文卫、农林牧水等众多行业、领域。事业单位是提供公益服务的主要载体、保障改善民生的基本力量、推动创新发展的关键领域、凝聚思想共识的重要阵地，

---

* 摘自《人民日报》2022年1月24日第02版。

加强和改进事业单位领导人员管理、推进事业单位领导人员队伍建设很重要，也很必要。2015 年 5 月，中央办公厅印发《事业单位领导人员管理暂行规定》（以下简称《暂行规定》），该文件是做好事业单位领导人员管理工作的基本遵循，施行 6 年来，在健全事业单位领导人员选拔任用和管理监督机制、推进领导人员队伍建设等方面发挥了重要作用，实践证明总体是可行的，及时修订并正式施行的时机已经成熟。

修订工作总的考虑是，在保持基本框架和主要制度大体稳定的基础上，坚持问题导向，主要是对有较普遍共识的意见、可以解决的问题、需要衔接配套的政策进行修订完善，能具体规定的尽量具体明确。重点把握以下几个方面：一是贯彻新精神新要求。全面贯彻习近平新时代中国特色社会主义思想，认真贯彻党的十九大和十九届历次全会对干部队伍建设提出的新要求，认真落实全国组织工作会议、全国组织部长会议对干部选拔任用工作作出的新部署。二是衔接新政策新制度。与近年来修订或制定出台的相关政策法规有关内容有机衔接，比如组织工作条例、干部任用条例、干部考核条例等。三是吸收新经验新做法。总结和吸收《暂行规定》印发以来，各地各部门在事业单位领导人员管理工作中，探索形成的一些好经验、好做法，使之固化为制度规范。四是适应新形势新任务。着眼新时代对事业单位领导人员队伍建设提出的新要求，深入分析工作中出现的新情况新问题特别是近年巡视巡察发现的相关问题，从制度层面提出有针对性的举措，进一步改进方式、完善程序，为建设德才兼备、忠诚干净担当的高素质专业化事业单位领导人员队伍提供有力制度保证。

问：《管理规定》在落实新时代好干部标准方面是如何把握的？

答：党的十八大以来，习近平总书记科学把握新形势新任务和干部队伍实际，明确提出信念坚定、为民服务、勤政务实、敢于担当、清正廉洁的新时代好干部标准，突出强调干部要忠诚、干净、担当，实现了我们党干部标准的守正创新，立起了选人用人的时代标杆。选拔任用事业单位领导人员，必须贯彻落实新时代好干部标准。《管理规定》结合事业单位特点，细化有关要求。比如突出政治标准，提出担任事业单位领导人员，必须自觉坚持以习近平新时代中国特色社会主义思想为指导，坚决贯彻执行党的理论和路线方针政策，增强“四个意识”、坚定“四个自信”、做到“两个维护”，自觉在思想上政治上行动上同党中央保持高度一致。比如强化对专业素养、创新意识和创新能力的要求，提出对于主要以专业技术面向社会提供公益服务的事业单位，领导班子行政正职、分管业务工作的副职一般应当具有从事本行业专业工作的经历，以利于优化班子专业结构，让专业的人干专业的事；针对教育、科技、文化、卫生等行业是建设创新型国家的关键领域的实际，提出领导人员需“创新意识强，勤于学习，勇于探索，敢于攻坚克难，有开拓进取、追求卓越的韧劲，能够切实推进技术、管理、制度等重要创新”。比如把热爱公益、履行公共服务作为必备素养，着眼保障事业单位的公益属性，提出事业单位领导人员需“事业心和责任感强，热爱公益事业；坚持以人民为中心的发展思想，求真务实、勤勉敬业、担当作为，忠实履行公共服务的政治责任和社会责任”等。

问：《管理规定》对事业单位领导人员选拔任用工作有哪些改进？

答：《管理规定》针对近年巡视巡察发现问题，结合各地各部门的经验做法，对完善选拔任用工作提出具体要求。比如优化领导班子结构和功能，提出“立足事业发展需要，加强通盘考虑、科学谋划，及时选优配强，优化年龄、专业、经历等结构，增强领导班子整体功能”。比如完善选拔任用方式，明确“一般采取单位内部推选、外部选派方式进行”，同时提出，根据行业特点和工作需要，“可以采取竞争（聘）上岗、公开选拔（聘）、委托相关机构遴选等方式产生人选”。比如规范选拔任用程序，对民主推荐、考察、讨论决定等环节作出规定，要求“严把政治关、品行关、能力关、作风关、廉洁关”，“严格执行干部选拔任用工作任前事项报告制度，严格遵守党委（党组）讨论决定干部任免事项有关规定”。比如促进优秀人才脱颖而出，提出“特别优秀的，或者因国家重大战略、重大工程、重大项目、重点任务选拔高精尖缺人才担任领导人员以及内设机构负责人等工作特殊需要的，可以适当放宽任职资格”，同时，也对报批程序一并提出了要求，既体现事业为上、人事相宜，又落实从严把关要求。

问：《管理规定》新增“交流、回避”一章，有什么考虑？

答：交流、回避制度是干部管理基本制度。《管理规定》针对实际工作中事业单位领导人员交流较少、执行回避制度不够严等现象，专门增加一章作出规定，以利于推进交流、规范管理。关于交流，《管理规定》明确交流的重点对象，一般是正职领导人员，专职从事党务工作、分管人财物的副职领导人员以及其他因工作需要交流的人员。提出交流的主要方向，要积极推进同行业或者相近行业事业单位之间领导人员交流，同时，统筹推进事业单位与党政机关、国有企业、社会组织之间领导人员交流，发挥事业单位专业干部“蓄水池”作用。为防止资源错配、人才浪费，提出对专业性强的领导人员交流，应当加强研判和统筹，注意发挥其专业特长。关于回避，《管理规定》明确“任职回避”和“履职回避”两类。对于任职回避，提出“有夫妻关系、直系血亲关系、三代以内旁系血亲关系以及近姻亲关系的，不得在同一事业单位领导班子任职，不得在同一单位担任双方直接隶属于同一领导人员的职务或者有直接上下级领导关系的职务，也不得在领导人员所在事业单位本级内设管理机构以及分管联系单位从事组织（人事）、纪检监察、审计、财务部门负责工作”，既与有关回避制度相衔接，也考虑到一些事业单位规模较大、内部层级较多，进一步界定回避范围，有利于精准落实从严管理要求，增强可行性。对于履职回避，主要是从制度上保证履行职责的公平公正性。

问：《管理规定》在激发事业单位领导人员干事创业

活力方面有哪些具体措施？

答：习近平总书记强调，最大限度调动广大干部的积极性、主动性、创造性，激励他们更好带领群众干事创业。为此，《管理规定》明确了一系列管理措施，充分调动事业单位领导人员干事创业积极性，激发队伍活力。比如加强考核评价，积极推进分类考核，合理确定考核内容和指标，注意改进考核方法，并明确考核评价结果作为领导班子建设和领导人员选拔任用、培养教育、管理监督、激励约束、问责追责等的重要依据，发挥好考核的导向作用。比如加强培训培养，提出强化分行业培训，突出培训的精准化和实效性，有针对性地进行理论教育和能力拓展，要求原则上每5年对事业单位领导人员培训全覆盖。比如注重关心关怀，提出开展经常性谈心谈话，帮助解决实际困难，做好容错纠错工作，营造鼓励探索、支持创新的良好干事创业环境。比如重视后续职业发展，对任期结束后未达到退休年龄界限的事业单位领导人员，适合继续从事专业工作的，鼓励和支持其后续职业发展，根据本人实际和工作需要，经批准后可以不再按照领导人员管理，为他们从事专业工作创造条件。比如完善退出机制，促进领导人员能上能下、能进能出，增强队伍生机活力，对事业单位正职领导人员特别优秀的，根据工作需要和本人履职情况，按照有关规定经批准可以延迟免职（退休）。

问：《管理规定》在落实从严管理监督干部方面作了哪些具体规定？

答：贯彻落实党中央关于从严治党、从严管理干部的要求，《管理规定》进一步完善相关规定。一是明确监督重点，将践行“两个维护”，对党忠诚，贯彻落实党的理论和路线方针政策，履行职责、担当作为以及遵守纪律、廉洁自律等情况作为监督的重点内容。二是明确监督措施，发挥党内监督带动作用，推动民主监督、行政监督、司法监督、审计监督、财会监督、群众监督、舆论监督等贯通协调、形成合力，强化领导班子内部监督，完善事业单位领导班子权力运行机制。三是健全管理监督环节，充实完善免去现职情形，对辞职后从业限制、退出领导岗位后继续履行保密责任等提出明确要求。四是增强监督针对性，近年来，中央组织部与相关部门在规范干部兼职、因私出国（境）和配偶、子女及其配偶经商办企业等方面出台了一些政策措施，下步工作中要统筹执行好相关管理监督政策，分类施策、精准操作，避免搞“一刀切”“一锅煮”。

问：《管理规定》对规范事业单位内设机构负责人选

拔任用工作也作了规定，具体是怎么考虑的？

答：事业单位内设机构负责人与领导人员在管理上有不同特点，特别是选拔任用方面有区别。此前，对事业单位内设机构负责人选拔任用工作尚无统一的制度规范。从近年巡视巡察情况看，事业单位内设机构负责人选拔任用问题较为突出，有必要明确这方面的基本遵循。为此，《管理规定》将其作为相关问题附带一并作出规定，为实践提供遵循、为巡视提供依据。明确基本资格条件，既与领导人员相关资格条件相衔接，又立足岗位实际，适当作出区别规定。明确选拔任用方式，对于主要以专业技术面向社会提供公益服务的事业单位，提出可以根据工作需要积极探索有效办法，搞活搞好内部用人制度。明确事业单位党组织在选人用人中的职责作用，根据干部管理权限和事业单位不同领导体制实际，对实行党委领导下的行政领导人负责制和实行行政领导人负责制的单位分别作出规定。事业单位及主管部门要根据《管理规定》精神，规范事业单位内部选人用人制度，不断提高选人用人工作质量。

问：中央组织部对学习贯彻《管理规定》有哪些具体部署？

答：制度的生命在于执行。《管理规定》是事业单位领导人员管理工作的基本遵循，中央组织部将在全国事业单位人事管理工作座谈会上，对学习贯彻《管理规定》、加强事业单位领导人员队伍建设等作出部署。各级党委（党组）及其组织（人事）部门要按照要求抓好学习贯彻。一是组织开展学习培训。把学习贯彻《管理规定》作为一项重要工作，摆上重要议事日程，组织事业单位领导人员及相关干部管理工作者原原本本地学习，提高政策执行能力。二是完善配套制度。中央组织部将会同有关行业主管部门制定完善有关行业事业单位领导人员管理具体办法。各省、自治区、直辖市要制定完善市级以下事业单位领导人员管理办法，使各项工作都有章可循，确保按制度办事。三是采取有效措施抓好贯彻实施。要用《管理规定》统一思想认识，规范选拔任用，加强管理监督，激励担当作为，不断提高事业单位领导人员管理质量和水平。中央组织部将加强对《管理规定》贯彻执行情况的监督检查，推动中央精神在各级各类事业单位得到有效贯彻落实。